VIVER É MUITO BOM

1º ANO
PROFESSOR

MARIA INÊS CARNIATO

VIVER É MUITO BOM

1º ANO
PROFESSOR

EDIÇÃO REVISTA E AMPLIADA

Dados Internacionais de Catalogação na Publicação (CIP)
(Câmara Brasileira do Livro, SP, Brasil)

Carniato, Maria Inês
    Viver é muito bom, 1º ano: professor / Maria Inês Carniato. – Ed. rev. e
ampl. – São Paulo : Paulinas, 2010. – (Coleção Ensino Religioso Fundamental)

    ISBN 978-85-356-0932-5

    1. Educação religiosa (Ensino fundamental) I. Título. II. Série.

09-13124   CDD-372.84

Índice para catálogo sistemático:
1. Educação religiosa : Ensino fundamental   372.84

1ª edição revista e atualizada – 2010
1ª reimpressão – 2017

Direção-geral: Flávia Reginatto

Editora responsável: Luzia M. de Oliveira Sena

Assistente de edição: Andréia Schweitzer

Copidesque: Leonilda Menossi

Coordenação de revisão: Marina Mendonça

Revisão: Ruth Mitzuie Kluska

Direção de arte: Irma Cipriani

Ilustrações: Soares

Gerente de produção: Felício Calegaro Neto

Projeto gráfico: Telma Custódio

Paulinas
Rua Dona Inácia Uchoa, 62
04110-020 – São Paulo – SP (Brasil)
Tel.: (11) 2125-3500
http://www.paulinas.org.br – editora@paulinas.com.br
Telemarketing e SAC: 0800-7010081
© Pia Sociedade Filhas de São Paulo – São Paulo, 2002

Convite a quem ama a educação

Você, professora/professor, que dedica suas energias, conhecimentos e tempo à grandiosa profissão de educar crianças, com certeza deseja o melhor para elas.

A escola forma o ser humano como cidadão consciente, participante e responsável, mas também como pessoa única, situada no mistério da abertura à transcendência, que se manifesta nos sinais do sagrado presentes na diversidade cultural e religiosa.

O componente curricular Ensino Religioso não é proposta de fé, mas, sim, conhecimento e apropriação de novos saberes acerca de dados reais presentes na sociedade. Proporciona a derrubada de preconceitos, temores e rivalidades e a convivência ética, respeitosa e solidária com as diferenças que compõem a diversidade religiosa, étnica e cultural da população brasileira e da humanidade.

Cabe a você comunicar aos alunos e a seus familiares a confiança na escola e a certeza de que o Ensino Religioso, longe de excluir ou desprezar qualquer experiência ou pertença religiosa, educa para o respeito à diversidade e a valorização dos diferentes conhecimentos, vivências e modos de crer dos alunos e de seus familiares.

Educar para a convivência positiva com as diferenças é um dos principais objetivos do Ensino Religioso. Por isso o livro do 1º ano, *Viver é muito bom,* sugere atividades lúdicas com música, artes, brincadeiras e histórias, ao mesmo tempo em que valoriza o imaginário e propõe diálogos educativos, centrados na capacidade de a criança descobrir e desenvolver potencialidades pessoais, coletivas e comunitárias, conhecimentos e vivências significativas.

Parabéns por sua coragem de apostar na eficácia transformadora do Ensino Religioso. Auguramos que este livro venha ao encontro de suas expectativas didáticas e pedagógicas e contribua para fazer de sua sala de aula uma célula do mundo de igualdade e paz com o qual todos sonhamos.

A você, um abraço de Paulinas Editora e da autora deste livro.

Ensino Religioso
Componente curricular do Ensino Fundamental

A escola é espaço de pesquisa, construção de conhecimento, apropriação do legado cultural da humanidade e reflexão sobre a vida atual, em vista da educação integral e cidadã.

O Ensino Religioso, componente curricular do Ensino Fundamental, afirma-se nas Ciências da Religião, uma nova área acadêmica adotada em universidades do mundo inteiro, nos últimos 100 anos.

As Ciências da Religião têm por objetivo o estudo sistemático da religião, ou seja, das expressões culturais da religiosidade humana, em todas as suas dimensões, formas, conteúdos, práticas, significações. Por isso, a sua estrutura é multidisciplinar. Diferentes disciplinas, como Sociologia, Antropologia, História, Geografia, Filosofia, Psicologia, dentre outras, auxiliam na abordagem e compreensão desse fenômeno universal, presente nas diferentes culturas, desde os primórdios da humanidade.

O objeto de estudo da disciplina Ensino Religioso é o Fenômeno Religioso, isto é, os sinais e as expressões da religiosidade humana na cultura e na sociedade. Edgar Morin, professor da Universidade de Paris, no livro *Os sete saberes necessários para a educação do futuro*, escrito a pedido da UNESCO (Organização das Nações Unidas para a Educação, a Ciência e a Cultura), sobre os paradigmas da educação para o Terceiro Milênio, assim diz: "O saber científico sobre o qual este texto se apoia para situar a condição humana não só é provisório, mas também desemboca em profundos mistérios referentes ao Universo, à Vida, ao nascimento do ser humano. Aqui, intervêm opções filosóficas e crenças religiosas através de culturas e civilizações" (p. 13).

O Ensino Religioso como parte da educação cidadã, visa desenvolver as duas dimensões propostas pelo professor Morin: por um lado, o saber que resulta do rigor científico e, por outro, a humanização e a superação de preconceitos e rivalidades derivados da ignorância ante a diversidade de gênero, cultura, religião ou etnia.

EXIGÊNCIA CULTURAL DA SOCIEDADE

A UNESCO há muitos anos incentiva os povos a uma convivência internacional justificada pelos Direitos Fundamentais do Ser Humano, dentre os quais o direito de crença e de culto.

Diz a *Convenção Relativa à Luta contra a Discriminação no Campo do Ensino*, de 1960: "A educação deve visar ao pleno desenvolvimento da personalidade humana e ao fortalecimento do respeito aos direitos humanos e das liberdades fundamentais, o que deve favorecer a compreensão, a tolerância e a amizade entre todas as nações e todos os grupos raciais ou religiosos, assim como o desenvolvimento das atividades nas Nações Unidas para a manutenção da paz. Deve ser respeitada a liberdade dos pais ou, quando for o caso, dos tutores legais de assegurar, conforme as modalidades de aplicações próprias da legislação de cada Estado, a educação religiosa e moral dos filhos, de acordo com suas próprias convicções; outrossim, nenhuma pessoa ou nenhum grupo poderá ser obrigado a receber instrução religiosa incompatível com suas convicções" (art. 5º).

A *Declaração sobre a Raça e os Preconceitos Raciais*, de 1978, diz: "A identidade de origem não afeta de modo algum a faculdade que possuem os seres humanos de viver diferentemente, nem as diferenças fundadas na diversidade das culturas, do meio ambiente e da história, nem o direito de conservar a identidade cultural" (art. 1º).

A *Declaração sobre a Diversidade Cultural*, de 2001, confirma em sua introdução: "A UNESCO, reafirmando sua adesão à plena realização dos direitos humanos e das liberdades fundamentais proclamadas pela *Declaração Universal dos Direitos Humanos*; [...] Reafirmando que a cultura deve ser considerada como o conjunto de traços distintivos espirituais e materiais, intelectuais e afetivos que caracterizam uma sociedade ou um grupo social, e que abrange, além das artes e das letras, os modos de vida, as formas de convivência, os sistemas de valores, as tradições e as crenças. [...] Aspirando a uma maior solidariedade baseada no reconhecimento da diversidade cultural, na conscientização da unidade do Gênero Humano e no desenvolvimento de intercâmbios culturais, proclama: [...] A diversidade cultural amplia as possibilidades de escolha que se oferecem a todos; é uma das fontes do desenvolvimento, entendido não somente em termos de crescimento econômico, mas também como meio de acesso a uma existência intelectual, afetiva, moral e espiritual satisfatória" (art. 3º).

A *Convenção para a Salvaguarda do Patrimônio Cultural Imaterial*, de 2003, acrescenta: "O patrimônio cultural imaterial [...] manifesta-se em particular nos seguintes campos: tradições e expressões orais, incluindo o idioma como veículo do patrimônio cultural imaterial; expressões artísticas; práticas sociais, rituais e atos festivos; conhecimentos e práticas relacionados à natureza e ao universo; técnicas artesanais tradicionais. Entende-se por 'salvaguarda' as medidas que visam garantir a viabilidade do patrimônio cultural imaterial, tais como a identificação, a documentação, a investigação, a preservação, a proteção, a promoção, a valorização, a transmissão – essencialmente por meio da educação formal e não formal – e revitalização deste patrimônio em seus diversos aspectos" (arts. 2º e 3º).

Acesso aos textos integrais da UNESCO: <www.brasilia.unesco.org./publicacoes/docinternacionais/docccultura>.

DIVERSIDADE E DIREITOS HUMANOS NO BRASIL

O Estado brasileiro, por meio da Secretaria Especial de Direitos Humanos, vem pondo em prática os compromissos assumidos como Estado membro da UNESCO.

A *Constituição Federal* de 1988 assim diz: "É inviolável a liberdade de consciência e de crença, sendo assegurado o livre exercício dos cultos religiosos e garantida, na forma da lei, a proteção aos locais de culto e a suas liturgias" (art. 5º, inciso VI).

A Cartilha *Diversidade Religiosa e Direitos Humanos*, de 2005, complementa: "O Estado brasileiro é laico. Isso significa que ele não deve ter, e não tem religião. Tem, sim, o dever de garantir a liberdade religiosa [...] um dos direitos fundamentais da humanidade, como afirma a Declaração Universal dos Direitos Humanos. [...] A pluralidade, construída por várias raças, culturas, religiões, permite que todos sejam iguais, cada um com suas diferenças. É o que faz do Brasil, Brasil. Certamente, deveríamos, pela diversidade de nossa origem, pela convivência entre os diferentes, servir de exemplo para o mundo" (Apresentação).

Acesso à Cartilha: <www.presidencia.gov.br/estrutura_presidenciasedh/.arquivos/cartilhadiversidadereligiosaportugues.pdf>.

O ENSINO RELIGIOSO NO ÂMBITO DA EDUCAÇÃO NACIONAL

A *Constituição Federal* de 1988 assim define o Ensino Religioso: "Serão fixados conteúdos mínimos para o Ensino Fundamental, de maneira a assegurar formação básica comum e respeito aos valores culturais e artísticos, nacionais e regionais. § 1º – O Ensino Religioso, de matrícula facultativa, constituirá disciplina dos horários normais das escolas públicas de Ensino Fundamental" (cf. art. 110).

O art. 33 da *Lei de Diretrizes e Bases da Educação Nacional* de 1996, redigido pela segunda vez pela Lei n. 9475, em 1997, esclarece: "O Ensino Religioso, de matrícula facultativa, é parte integrante da formação básica do cidadão e constitui disciplina dos horários normais das escolas públicas de Ensino Fundamental, assegurado o respeito à diversidade cultural religiosa do Brasil, vedadas quaisquer formas de proselitismo".

A Câmara de Educação Básica do Conselho Nacional de Educação, na Resolução n. 7, de 14 de dezembro de 2010, ao fixar as *Diretrizes Curriculares Nacionais para o Ensino Fundamental de 9 (nove) anos*, afirma:

"Art. 14. O currículo da base nacional comum do Ensino Fundamental deve abranger, obrigatoriamente, conforme o art. 26 da Lei n. 9.394/96, o estudo da Língua Portuguesa e da Matemática, o conhecimento do mundo físico e natural e da realidade social e política, especialmente a do Brasil, bem como o ensino da Arte, a Educação Física e o Ensino Religioso.

Art. 15. Os componentes curriculares obrigatórios do Ensino Fundamental serão assim organizados em relação às áreas de conhecimento:

I – Linguagens: a) Língua Portuguesa; b) Língua Materna, para populações indígenas; c) Língua Estrangeira moderna; d) Arte; e) Educação Física; II – Matemática; III – Ciências da Natureza; IV – Ciências Humanas: a) História; b) Geografia; V – Ensino Religioso.

Art. 21. No projeto político-pedagógico do Ensino Fundamental e no regimento escolar, o aluno, centro do planejamento curricular, será considerado como sujeito que atribui sentidos à natureza e à sociedade nas práticas sociais que vivencia, produzindo cultura e construindo sua identidade pessoal e social.

Parágrafo único. Como sujeito de direitos, o aluno tomará parte ativa na discussão e na implementação das normas que regem as formas de relacionamento na escola, fornecerá indicações relevantes a respeito do que deve ser trabalhado no currículo e será incentivado a participar das organizações estudantis.

Art. 22. O trabalho educativo no Ensino Fundamental deve empenhar-se na promoção de uma cultura escolar acolhedora e respeitosa, que reconheça e valorize as experiências dos alunos atendendo as suas diferenças e necessidades específicas, de modo a contribuir para efetivar a inclusão escolar e o direito de todos à educação."

CONTEÚDOS DO ENSINO RELIGIOSO

No âmbito das matrizes histórico-culturais brasileiras, o objeto de estudo do Ensino Religioso é o Fenômeno Religioso enquanto Patrimônio Imaterial do povo brasileiro.

De forma pedagógica, pode-se organizar a diversidade de informações e de possíveis abordagens do conteúdo em cinco eixos temáticos, partindo-se do visível, isto é, do conhecimento ao qual os estudantes têm acesso fora da escola, por meio da cultura, da comunicação, da observação do meio ambiente ou da experiência familiar:

- **Ritos, festas, locais sagrados, símbolos** – centros religiosos, templos, igrejas, sinagogas, mesquitas, terreiros, casas de reza; cerimônias, oferendas, cultos, liturgias, rituais etc.

- **Tradições religiosas** – indígenas, africanas e afro-brasileiras, Judaísmo, Xintoísmo, Hinduísmo, Budismo, Islamismo, Fé Bahá'í, Protestantismo, Catolicismo, Pentecostalismo, novos movimentos religiosos ecléticos e sincréticos, religião cigana e outras.

- **Teologias das tradições religiosas** – diferentes nomes e atributos do ser transcendente, diferenças e semelhanças doutrinais entre as tradições religiosas; mitos de origem; crenças na imortalidade: ancestralidade, reencarnação, ressurreição.

- **Textos sagrados** – orais: mitos e cosmovisões das tradições indígenas, ciganas, africanas; escritos: livros sagrados das antigas civilizações e das tradições religiosas atuais.

- *Ethos* **dos povos e das culturas** – costumes e valores dos povos e de suas religiões.

TRATAMENTO PEDAGÓGICO DO ENSINO RELIGIOSO

O Ensino Religioso é essencialmente interdisciplinar. Requer atividades interativas que proporcionem não só pesquisa rigorosa, reelaboração de dados, produção de formas literárias e artísticas do conhecimento adquirido e reflexão, como também experiências significativas na educação integral, pois nenhuma disciplina como o Ensino Religioso lida com as questões humanas universais.

Estas, por sua vez, refletidas e dialogadas, podem iluminar questões particulares e coletivas e se transformar em construção da sabedoria de vida, que leva à cidadania e ao protagonismo na humanização e na transformação da sociedade.

Orientações para o uso deste livro

O livro do aluno é instrumento de apoio para a compreensão da realidade, a reflexão e a expressão do pensamento por meio da arte, porém não é consumível. É preciso caderno ou folhas para as atividades. Desta forma, poderá ser usado por outra criança no ano seguinte, motivando os alunos a conservá-lo com cuidado e, assim, exercitar a cidadania.

POSSIBILIDADE DE ESCOLHA

No desenvolvimento das aulas são sugeridas várias atividades. Também o livro da criança tem ilustrações que sugerem atividades possíveis. Você não precisa desenvolver tudo o que é sugerido. Pode optar pelo que for mais conveniente, nas condições em que trabalha.

As aulas podem ser desenvolvidas como apresentado ou desdobradas em projetos de duração variável. Nesse caso, com a participação das crianças, podem ser selecionados os temas de maior interesse. Quaisquer iniciativas suas para tornar a aula mais interessante e agradável são altamente recomendáveis.

A criança na faixa etária de 6 anos é capaz de planejar ações e prever consequências. O pensamento é flexível e apto a compreender a diversidade. Ela escuta e aceita opiniões de colegas, mesmo se forem diferentes das suas.

Os modelos que aparecem no fim de cada lição em alguns casos fazem parte do desenvolvimento da aula e devem ser confeccionados. Em outros, são opcionais e podem ser feitos em casa, com a ajuda dos familiares, ou em outros momentos.

Mais do que aquisição de habilidades, o 1º Ano ainda é tempo de socialização. Atividades em parceria e diálogo ajudam a criança a fazer serenamente a passagem natural do egocentrismo da primeira infância para a relação, que requer dela o desenvolvimento de outras possibilidades, além das aptidões físicas e intelectuais.

BRINCADEIRAS

O ato de brincar é a forma natural de aprendizado da criança. Para ela é um ato sério e revestido de grande significado. Brincando, ela recria, elabora e enfrenta as mais variadas situações da vida cotidiana, decodificando o que acontece no mundo adulto e reconstruindo a realidade por meio de seus próprios códigos e ao alcance de seu conhecimento.

Sempre que for oportuno, é bom sugerir às crianças que brinquem como se estivessem em uma determinada situação. Assim elas estarão compreendendo e assimilando conceitos abstratos, desenvolvendo-se emocionalmente e favorecendo a aceitação do outro, do diferente.

USO DO ESPAÇO NA SALA

O movimento corporal é indispensável na educação infantil. A experiência requerida pelo Ensino Religioso dificilmente pode ocorrer se a aula não envolver a criança em todas as dimensões: cognitiva, emocional e lúdica. Quando a aula não for desenvolvida no pátio, é preciso ter ou improvisar espaço na sala de aula.

Algumas sugestões:

- Dispor as mesinhas ou carteiras em círculo ou ao longo das paredes, para que todos possam se ver o tempo todo e deixando o centro livre.
- Concentrar as carteiras no centro da sala, deixando espaços laterais para que as crianças se movimentem, seguindo a inspiração de cada uma das canções.
- Deixar as carteiras em filas e pedir que a turma circule nos corredores entre elas.

MOVIMENTOS INDIVIDUAIS E COLETIVOS

É importante deixar que as crianças criem os movimentos para as canções, mas algumas sugestões podem ajudá-las a agir com harmonia. Por exemplo:

- Acompanhar as músicas com movimentos ritmados em roda, em fila, em duplas, em pequenos grupos, de mãos dadas, com as mãos nos ombros do companheiro, de braços dados, saltitando, pulando num pé só, caminhando para a frente ou para trás, abaixando, levantando, balançando como árvore ao vento, reproduzindo movimentos de animais, imitando estátua etc.
- Marcar o ritmo batendo palmas ou os pés, estalando os dedos, batendo as palmas das mãos com o colega da direita e da esquerda.

PASSOS DO DESENVOLVIMENTO

É preciso manter uma rotina e um padrão mais ou menos determinado de trabalho dentro do espaço e do tempo disponíveis, bem como um equilíbrio adequado entre momentos de calma, reflexão, ação, trabalho artístico, diálogo etc. Isso favorece a concentração e a autoconfiança. Desse modo, a criança consegue prever o que irá acontecer depois e apropriar-se do processo de sua própria educação, pois se sente responsável por aquilo que foi combinado com a turma.

RODA

Após uma motivação inicial e uma breve explicação introdutória acerca do objeto de estudo na aula, é interessante deixar que as crianças narrem ou descrevam o que conhecem a respeito do tema.

Quando for solicitado às crianças que façam gestos, descrevam locais, contem histórias, entoem cânticos das religiões que conhecem ou frequentam, é preciso prever que muitas vezes a maioria pertence ao Cristianismo. É, portanto, indispensável mencionar as outras religiões, mostrar ilustrações, projetar imagens e filmes e pedir que se lembrem do que conhecem pela televisão ou outros meios.

ATIVIDADE

A arte é a melhor forma de comunicar o pensamento, as opiniões e as experiências. A maioria das atividades propostas é de execução coletiva, pois o Ensino Religioso educa para a capacidade de interagir na construção de objetivos coletivos.

Os trabalhos não devem representar um monólogo da criança com sua capacidade de expressão. É preciso socializar o resultado por meio não só da exposição, mas também oferecendo a oportunidade a cada uma para explicar e interpretar sua criação.

Além de desenho, que já costuma ser muito utilizado em outros momentos, este livro propõe outras atividades artísticas. Podem ser utilizados os materiais costumeiros e adequados à faixa etária dos alunos (como massa de modelar, tintas e lápis para desenho e pintura, tesoura, cola, papel colorido, gravuras) ou alternativos (sucata).

DIÁLOGO

A educação não se dá apenas com o acréscimo de novas informações, mas com o desenvolvimento da capacidade de elaborar hipóteses a respeito do que já se sabe. Por isso, o ensino escolar deve sempre levar em consideração o saber que a criança já possui acerca daquilo que a rodeia, os conhecimentos anteriores à sua escolarização, adquiridos na família e na sociedade em que nasceu.

O Ensino Religioso visa à construção do saber a respeito da religiosidade e do sentido da vida. O método proposto privilegia o diálogo a respeito das experiências realizadas e das hipóteses construídas, por meio de atividades que levam à reflexão, à formação de opiniões a respeito da realidade iluminada pela descoberta do sagrado e à tomada de atitudes significativas.

MÚSICA

O canto, a dança, a brincadeira têm por finalidade proporcionar prazer ao aprendizado.

As músicas sugeridas a cada lição têm o objetivo de sintetizar o tema proposto e encontram-se no CD que acompanha este livro.

Qualquer canção ou música instrumental pode ser acompanhada de gestos, coreografias ou ritmo, produzido pelo próprio corpo ou por instrumentos que sejam, de preferência, construídos pela turma, com material alternativo.

UNIDADE 1

A vida é legal

Objetivo Compreender a felicidade de ser uma pessoa única, no meio de tantas pessoas diferentes umas das outras.

1.1. A felicidade que Deus criou

OBJETIVO

Sentir a alegria de ser uma pessoa igual às outras, mas com características pessoais; de estar crescendo, aprendendo e se relacionando em uma turma repleta de diferenças. Conhecer o ensinamento das religiões acerca da origem de tudo o que existe.

MATERIAL

Música para dançar, balões infláveis de cores diversas, pequenos retalhos de papel colorido, tesoura, lápis, pincéis atômicos e fita adesiva.

RODA

Distribuir os balões vazios e pedir às crianças que os descrevam (pequenos, achatados, sem graça, vazios, todos iguais etc.).

Deixar que soprem e encham os balões.

Amarrar os balões e pedir a cada criança que cuide do seu.

Pedir-lhes que opinem: o que foi preciso para que os balões se transformassem?

Valorizar as opiniões e concluir: foi preciso a ação de alguém que os tomou na mão, os encheu com seu sopro e os fez crescer.

• Tocar a canção *Viva a criança*.

Pedir às crianças que, em pé ou sentadas em roda, enquanto ouvem a música, passem os balões de mão em mão, acompanhando o ritmo. Se necessário, repetir a música, até que se forme um movimento cadenciado.

ATIVIDADE

Ler o texto inicial da lição e pedir às crianças que observem os desenhos do livro.

Pôr à disposição o material e deixá-las reproduzir seus próprios rostos no balão, com papel ou pincel atômico, colando ou desenhando: olhos, nariz, boca, cabelos, orelhas etc.

Após todas terem decorado o balão, pedir que voltem para a roda.

DIÁLOGO

- Os balões antes eram todos iguais? Tinham algumas diferenças (tamanho, cor, formato)?
- Quais as diferenças que existem entre os balões, depois de decorados (menino e menina, vários formatos e cores de olhos, cabelos)?
- Todos continuam sendo apenas balões?
- E nós, pessoas, em que somos iguais? E em que somos diferentes?

Valorizar as opiniões e concluir:

- Somos iguais, em muitos aspectos: somos inteligentes, temos sentimentos, alegrias, tristezas, capacidades, dificuldades, podemos dar e receber carinho, amizade e amor.
- Também temos várias diferenças e cada um de nós é tão importante como os demais. Quanto mais diferentes somos, mais belo e variado é o mundo.
- As religiões ensinam que Deus nos dá vida, nos faz crescer e conhece a cada um de nós. Criou-nos uns diferentes dos outros, para assim podermos nos ajudar e aprender uns com os outros e, ainda, para que o mundo ficasse bem variado e bonito.

Recolocar a canção *Viva a criança* e deixar que as crianças dancem, pulem e brinquem, acompanhando o ritmo com os balões.

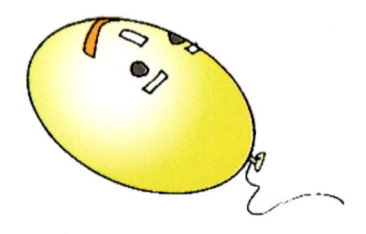

Eu existo.

Recebi a vida de presente.

Vivo com as pessoas.

Somos iguais, mas temos diferenças.

VIVA A CRIANÇA

Criança é alegria

Criança é amor

Criança é ternura

É a felicidade que Deus criou

Uma flor é uma criança

A estrela é uma criança

A lua é uma criança

Criança é assim

Em tudo que faz

Tem amor e paz

Celina Santana. CD *Tra-la-lá, vamos comemorar.*
Paulinas/COMEP, 2001.

Crescemos para ser felizes.

O mundo é belo.

É cheio de diferenças.

Deus não para de ter ideias geniais!

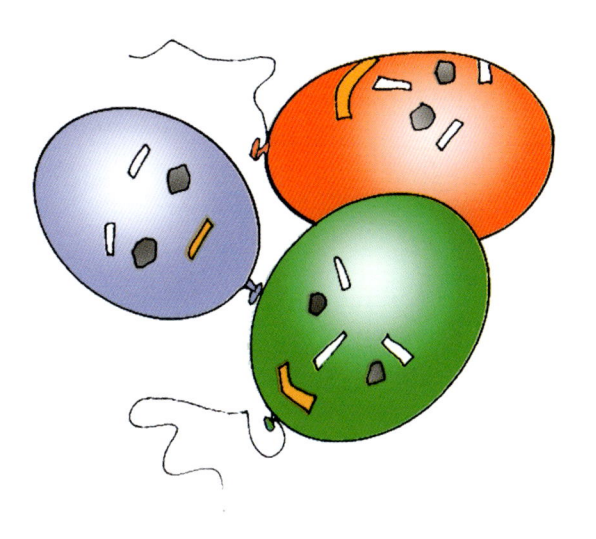

1.2. Brincando de comunicar

Tomar consciência do privilégio de ser pessoa, capaz de ver a realidade, pensar sobre ela e comunicar o próprio pensamento. Descobrir que as religiões têm palavras sagradas, próprias para a comunicação com Deus.

MATERIAL

Aparelho de som e CD. Um livro de histórias, uma folha de revista ou outra gravura para cada criança. Preparar algo que coloque em destaque a criança que estiver falando, por exemplo: uma caixa em forma de televisão, microfone feito de material alternativo, um local elevado onde ela possa subir, uma peça de roupa ou acessório diferente etc. Se possível, filmar ou gravar a fala de cada criança.

RODA

Ler o texto inicial da lição e deixar que as crianças observem os desenhos do livro.

ATIVIDADE

Distribuir os livros, folhas ou gravuras para cada criança e pedir que por algum tempo em silêncio observem as ilustrações e tentem reconhecer ou imaginar a história, ou então descrever a gravura.

Passado o tempo necessário, pedir a uma das crianças que venha ao lugar de destaque e fale aquilo que considera interessante sobre o material observado.

Estabelecer um tempo máximo de fala para cada uma, por exemplo: 1 minuto.

Ao acabar sua apresentação pedir à criança que chame uma outra para vir ocupar o lugar de destaque, até que todas tenham vindo se expressar.

DIÁLOGO

- Foi legal falar para toda a turma sobre aquilo que vimos nas gravuras ou livros?
- Os animais são capazes de enxergar? E sabem falar a respeito do que enxergam?
- Por que nós somos diferentes dos animais?
- Após todas se expressarem, valorizar o que falaram e concluir:
- Somos pessoas, temos inteligência e capacidade de compreender, aprender as palavras e falar, comunicando assim nosso pensamento a respeito do que vemos.
- As religiões também têm palavras sagradas, as quais são usadas na comunicação com Deus.

Pedir às crianças que se lembrem de algumas palavras sagradas que conhecem ("aleluia", "amém", "axé", "graças a Deus" ou outras expressões usadas em família ou nas comunidades a que pertencem).

Finalizar com a canção *Agradeço ao bom Deus*. Deixar que as crianças criem os movimentos que a música lhes sugerir.

Tenho a palavra. Quero dizer.
Tudo o que vejo posso entender.
Minha linguagem e a visão
Abrem a porta do coração.

AGRADEÇO AO BOM DEUS

Eu tenho uma boca para falar
Tenho dois olhinhos para enxergar
Eu falo, falo tanto até cansar
Minha boca está crescendo
De tanto tagarelar

E os meus olhinhos
Tudo podem admirar
Vejo a luz, que alegria
E a grandeza que é o mar
Agradeço ao meu Deus
Por poder tudo enxergar

Zélia Barros Moraes. CD *O mundo encantado da Pré-Escola*.
Paulinas/COMEP, 1996.

As pessoas criam palavras sagradas e falam com Deus.
Existem palavras sagradas em todas as línguas do mundo!
Deus entende todas as palavras sagradas!

1.3. A festa do rei

OBJETIVO

Conscientizar-se da capacidade de fazer gestos significativos e compreender que essa é uma das formas de comunicação com as pessoas e com Deus.

MATERIAL

Aparelho de som e CD, material de desenho ou pintura a dedo, à escolha.

RODA

Tocar a canção *Dancinha para descontrair* e deixar as crianças expressarem os gestos que a letra sugere.

Repetir a música quantas vezes forem necessárias para que todas participem.

Pedir-lhes que se sentem e motivar um tempo de descanso, silêncio e concentração, permitindo que relaxem por alguns minutos.

DIÁLOGO

Ler a história do rei e deixar que as criançar observem os desenhos do livro.

Explicar: nosso corpo é todo comunicação. Expressamo-nos por gestos porque somos inteligentes e temos sentimentos.

Questionar:

- Os animais podem pensar e aprender qualquer gesto? Um gato pode andar de bicicleta, um elefante pode pular corda, um pássaro pode jogar bola?
- Deixá-las lembrar outros gestos que os animais não conseguem aprender.

Concluir:

- Somos pessoas. Nossa inteligência permite que usemos gestos para nos comunicar.
- As pessoas procuram se comunicar com Deus. Por isso elas têm religiões. E as religiões também usam gestos (juntar as mãos em oração, inclinar-se, ajoelhar, erguer os braços, apresentar oferendas, dançar etc.).

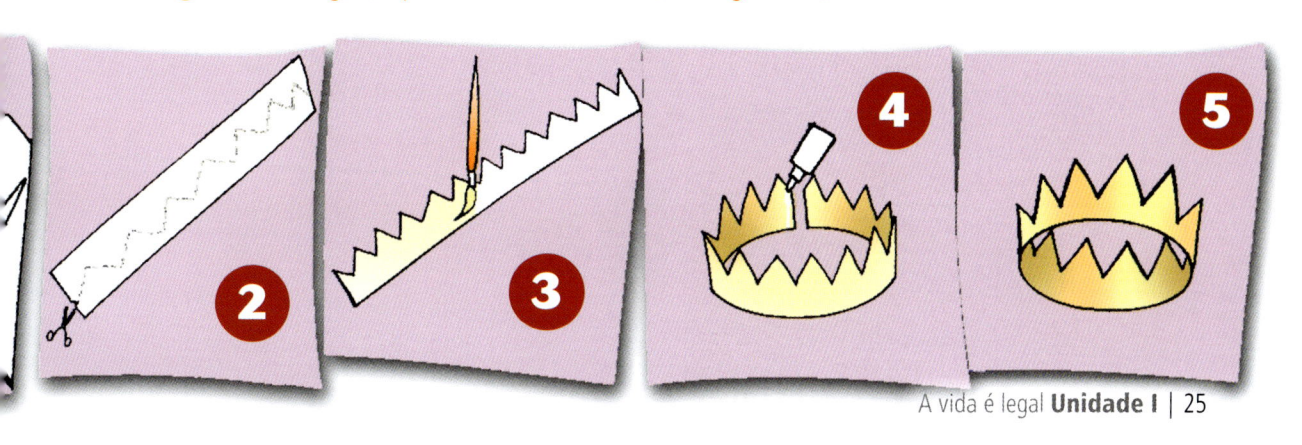

Deixá-las mostrar ou descrever os gestos sagrados usados em família ou nas tradições religiosas que frequentam, ou ainda conhecidos pela televisão, por livros revistas etc.

ATIVIDADE

Pôr o material à disposição e deixar que as crianças desenhem ou pintem a dedo um gesto sagrado que conhecem.

Após o desenho ou pintura, pedir-lhes que apresentem e expliquem o que fizeram e convidem a turma a repetir o gesto.

Pedir que mencionem outros gestos que conhecem e que não foram pintados.

Concluir:

- Podemos nos expressar por meio do corpo. Os gestos sagrados são formas que as pessoas criaram para se comunicar entre si e com Deus.

Era uma vez um rei.

Ele estava feliz e pensou: "Vou dançar para Deus".

E foi para as ruas da cidade.

Era um reino de músicos.

Todos pegaram instrumentos, tocaram e dançaram com o rei.

A cidade virou uma festa de comunicação sagrada.

DANCINHA PARA DESCONTRAIR

Eu danço, danço, danço
Requebro a cintura
O meu corpo todo
Começa a balançar

Eu mexo com as mãos
Eu mexo com os braços
Minha cintura não pode parar

Eu mexo com os ombros
Eu dobro os joelhos
As minhas pernas não podem parar

Eu viro para um lado
Eu viro para o outro
Minha cabeça não pode parar

Celina Santana. CD *Tra-la-lá, vamos comemorar*.
Paulinas/COMEP, 2001.

No mundo inteiro as pessoas fazem gestos sagrados.

Deus conhece o significado de todos os gestos e de toda a comunicação.

1.4. O silêncio das borboletas

OBJETIVO

Experimentar a atitude religiosa do silêncio; conscientizar-se da própria capacidade de demonstrar respeito e carinho por meio do silêncio e de participar de uma harmonia silenciosa no grupo.

MATERIAL

Aparelho de som e CD. Um copo de vidro e um garfo ou outro objeto metálico semelhante. Folhas de re-

vista ou papel de seda colorido, um rolinho vazio de papel higiênico e dois palitos de fósforos para cada criança, tesoura e cola ou fita adesiva.

RODA

Pedir às crianças que brinquem de tapar e destapar os ouvidos com as mãos e fechar os olhos.

Combinar uma senha de comando para começar, por exemplo: toques de metal no copo, como o toque de um pequeno sino.

Pedir-lhes que permaneçam com os ouvidos tapados e olhos fechados até ouvirem novamente a senha.

Repetir o exercício até que haja silêncio e concentração.

Ler o texto inicial da lição e pedir às crianças que observem os desenhos do livro.

Pôr à disposição o material e ajudá-las na confecção da borboleta, usando o rolinho de papelão para o corpo, os palitos para as antenas e o papel para as asas.

ATIVIDADE

Pedir às crianças que formem uma roda, todas em pé, segurando as borboletas.

Tocar a música *Primavera*, de Vivaldi (faixa 4 do CD).

Sugerir que, em silêncio, deixem o corpo balançar e, com a mão, façam a borboleta voar, ao ritmo da música.

DIÁLOGO

Explicar que as borboletas são lindas e se comunicam pelo movimento, cor e formato, mas são silenciosas, não emitem nenhum som.

Pedir-lhes que se lembrem de outros seres da natureza que se comunicam em silêncio.

Pedir que descrevam situações da vida cotidiana em que é bom e necessário fazer silêncio (à noite para dormir, para demonstrar carinho por alguém que está dormindo, estudando ou rezando, para ouvir alguém que está falando, para se concentrar em uma tarefa etc.).

Explicar que nos locais sagrados das religiões – templos, igrejas, centros, mesquitas, sinagogas etc. – também se faz silêncio para rezar, cantar e escutar a leitura ou a narrativa dos ensinamentos religiosos.

Deixar que as crianças que frequentam alguma comunidade religiosa contem se nesses locais há momentos de silêncio e de escuta.

Concluir:

- O silencio é muito bom, porque ele demonstra carinho e respeito. E todos os seres vivos precisam e podem dar e receber carinho e respeito.

- As religiões ensinam a importância do silêncio. É como demonstramos nosso carinho e respeito também para com Deus.

Tocar a canção *O silêncio* e deixá-las cantar.

As borboletas têm belas cores e formatos.

São cheias de desenhos.

Flutuam e dançam no ar.

Mas elas vivem em silêncio.

Bailam ao som das cascatas, ao canto dos pássaros

e ao rumor da brisa nas árvores.

Com as asas, elas tocam uma melodia para Deus.

E só ele pode escutar!

O SILÊNCIO

O silêncio, o silêncio

Vamos todos conseguir

É a hora do silêncio

Para a gente poder ouvir

O silêncio, o silêncio

Como é bom ficar quietinho

Vamos todos fazer silêncio

Para ouvir bem direitinho

Folclore infantil – Adaptação: Nilsa Zimmermann.
CD *O mundo encantado da música*. v. 1. Paulinas-COMEP, 1996.

Existe muito silêncio no planeta Terra.

Nós também podemos silenciar.

Deus entende todos os silêncios do universo!

UNIDADE 2

Vivemos com Deus e com as pessoas

Objetivo Experimentar a alegria de ter o próprio lugar no mundo, de conviver com pessoas diferentes e com todos os seres da natureza, de colaborar, respeitar e ser importante para Deus e para as outras pessoas.

2.1. É bom viver aqui

Descobrir que a crença em Deus leva as pessoas a perceber que ele se comunica por meio de tudo o que existe de bom e que é possível fazer o mundo cada vez melhor para todos os seres vivos.

MATERIAL

Aparelho de som e CD. Folha de isopor ou papelão. Embalagens de vários tamanhos para montar a maquete do bairro ou da cidade. Papel para forrar, lápis, régua, tesoura, cola, fita adesiva, pequenas retalhos de papel para portas e janelas, papel verde para árvores etc.

RODA

Ler o texto inicial da lição e deixar que as crianças observem os desenhos do livro.

Convidar a turma a nomear o que existe no bairro ou na cidade (escola, lojas, ruas, casas, igrejas, supermercado, templos, praça, hospital etc.). Escrever no quadro o que for dito e organizar grupos para que confeccionem cada modelo com sucata. Um grupo faz o hospital; outro, as igrejas; outro, as lojas; outro, as casas etc.

ATIVIDADE

Montar a maquete sobre o isopor ou o papelão e pedir às crianças que recordem cenas agradáveis que acontecem em casa, no bairro ou na cidade: passear com a família, vir para a escola, andar de bicicleta, brincar com o cão, ajudar alguém, ir à igreja, ao templo ou ao centro de uma religião, brincar com colegas, fazer compras etc.

DIÁLOGO

Explicar que as pessoas conhecem a existência de Deus pelos ensinamentos das religiões. Sabem que Deus é bondoso e que elas também podem ser bondosas e amigas entre si. O mundo é legal para se viver, quando as pessoas procuram agir da forma como as religiões ensinam.

Deixar que as crianças que têm uma crença familiar contem o que aprenderam com a família a respeito dos ensinamentos de suas religiões.

Valorizar os relatos e concluir:

- As religiões ensinam que Deus criou este mundo bom e bonito para todos os seres vivos. Se não fizermos maldades e se os adultos também deixarem de provocar guerras, assassinatos e tudo o que faz sofrer, todos poderão viver mais felizes.

Finalizar com a música *Deus bondade*, deixando as crianças criarem os movimentos para acompanhar o ritmo.

Todo o bem que nos rodeia é sinal de que Deus cuida de nós.

É bom viver aqui!

Podemos deixar este lugar ainda melhor e mais bonito.

DEUS BONDADE

Deus bondade, nós ouvimos tua voz

Nas palavras que escutamos

Tu estás a falar

Do teu amor por nós

José Acácio Santana. CD *Canta criança, canta*.
Paulinas/COMEP, 1998.

Deus conhece cada pessoa que vive no mundo.

Ele valoriza tudo o que fazemos de bom.

Podemos ajudá-lo a melhorar sempre mais

o lugar onde vivemos.

2.2. O sino da torre

Perceber na cultura e na sociedade os sinais e símbolos das tradições religiosas.

Aparelho de som e CD. Sete copos de vidro, uma jarra de água colorida com corante ou tinta, sete réguas e sete canetinhas hidrocor. Ilustrações de sinais religiosos (igrejas, templos, centros, mesquitas, livros sagrados, pessoas vestidas com trajes religiosos, objetos, símbolos etc.).

ATIVIDADE

Organizar as crianças em sete pequenos grupos e numerá-los.

Ler o texto inicial da lição e pedir às crianças que observem os desenhos do livro.

Distribuir os copos, as réguas e as canetinhas e pedir que cada grupo meça o copo com a régua e marque. Por exemplo: o "Grupo 1" mede 1 cm na altura do copo de baixo para cima e marca com um pontinho com a caneta hidrocor; o "Grupo 2" mede 2 cm e marca, e assim por diante.

Dispor os copos marcados em fila ou semicírculo em ordem crescente, com espaço grande entre um e outro.

Entregar a jarra de água colorida ao "Grupo 7", para que encha seu copo até a marca de 7 cm e a passe ao grupo 6, e assim por diante, até o "Grupo 1". Os copos ficarão com níveis diferentes de água.

Pedir que cada grupo forme uma pequena fila em frente ao copo que lhe correspon-de e explicar que será feita a brincadeira do carrilhão: cada copo será como um sininho que emitirá um som diferente e, todos juntos, formarão notas musicais.

A criança que está diante do copo 1 bate levemente com a régua na borda do copo, para tirar o som. A seguir a criança do copo 2 faz o mesmo, e assim as outras, uma de cada vez, sempre esperando que o número anterior tenha batido. Assim se formará a escala das notas.

Ao completar a sequência, as crianças que bateram passam a régua e o lugar para a criança seguinte de cada fila. Recomeçam as batidas, até que todas tenham tido chance de participar e a escala musical esteja sendo executada com harmonia.

RODA

Tocar a canção *Frei Martinho* e deixar que as crianças imitem o gesto de puxar a corda do sino e "congelem" o gesto nos versos "Não toque o sininho..." e "É silêncio".

Deixar que recomecem o gesto do sino na segunda estrofe e o "congelem" nos ver-sos "Não faça barulho..." e "Não, não, não", e assim por diante até o fim da música. Se necessário, repetir a canção e os gestos até obter harmonia e concentração.

DIÁLOGO

Pedir às crianças que contem:
- Quem conhece um sino de verdade?
- Quem viu sinos em filmes, em desenhos de TV, em livros de história?
- Como eram e para que serviam esses sinos?

Pedir-lhes que opinem:
- O que o sino nos faz lembrar (por exemplo: o Natal, uma torre uma igreja, Deus, oração, culto, comunidade reunida)?

Valorizar as opiniões das crianças e sintetizar:
- O sino é um sinal religioso. Ele nos faz compreender que as pessoas são religiosas e criam muitos sinais religiosos.
- As religiões do Oriente, como Budismo e Taoísmo, também usam toques de sinos em seus rituais, mas são sinos um pouco diferentes dos que conhecemos.

Deixar que olhem e analisem as gravuras com símbolos e sinais religiosos e descre-vam os sinais que existem no bairro ou na cidade: igrejas, templos, centros espíritas ou afro-brasileiros, objetos, dias festivos etc.

Era uma vez quatro fradinhos que viviam em um mosteiro
feito de pedras e rodeado de plantas floridas.
De madrugada, os pássaros despertavam no bosque
e na torre da capela o sino tilintava:
blém, blém, blém,
marcando as horas de trabalho e oração.
Após a prece da noite, os fradinhos iam dormir.
E um grande silêncio vinha embalar a natureza.

FREI MARTINHO

Frei Martinho
Frei Martinho
Frei Inocêncio
Frei Inocêncio
Não toque o sininho
Não toque o sininho
É silêncio
É silêncio

Frei Gorgulho
Frei Gorgulho
Frei Beltrão
Frei Beltrão
Não faça barulho
Não faça barulho
Não, não, não
Não, não, não

O silêncio
O silêncio
Vou ouvir
Vou ouvir
Mesmo aqui agora
Mesmo aqui agora
Psiu, psiu, psiu
Psiu, psiu, psiu

Folclore infantil – Adaptação: Nilsa Zimmermann.
CD *O mundo encantado da música.* v. 1. Paulinas/COMEP, 1996.

Quando os sinos tocam é sinal de que as pessoas querem conversar com Deus.
Deus entende a linguagem de todos os sinos do mundo.

2.3. Ajudamos Deus a se comunicar

OBJETIVO

Descobrir que, por meio de atitudes e gestos de amor, é possível ajudar as pessoas a compreender o que significa crer em Deus.

MATERIAL

Aparelho de som e CD. Folhas coloridas de revista cortadas ao meio, em sentido vertical, fita adesiva.

ATIVIDADE

Organizar as crianças em duplas e distribuir para cada dupla uma folha de revista cortada ao meio.

Pedir que cada dupla trabalhe em colaboração, seguindo as instruções do livro: colar as duas partes, dobrar em sanfoninha, colar um dos lados e abrir o outro, em forma de leque.

1

Reunir as duplas em grupos maiores e pedir que cada grupo reúna seus leques e crie com eles uma figura única, colando-os na parede.

Mostrar como fazer rolinhos de fita, com a face adesiva para fora, de modo que fiquem por baixo dos leques.

RODA

Ler e comentar o texto inicial da lição.

Tocar a canção *Como é bom amar*.

Deixar que as crianças criem gestos e movimentos, de acordo com ela.

DIÁLOGO

Pedir às crianças que contem o que sentiram durante a confecção dos leques em parceria com alguém, e depois, durante a montagem da figura única, com um grupo.

Questionar:

- O que foi necessário para que os trabalhos em parceria saíssem bonitos? (Por exemplo: paciência de uns para com os outros, ajuda, espera de sua vez, respeito ao trabalho do outro, partilha do material, não querer fazer tudo só, para assim parecer mais capaz e mais esperto etc.)

- O que teria acontecido se cada pessoa preparasse o trabalho sozinha ou se houvesse briga, violência, rivalidade e desunião na hora de juntar as partes e decorar a parede?

Valorizar todas as opiniões e concluir:

- As atitudes que mostram colaboração fazem as pessoas entender que é assim que Deus sonha o mundo – um lugar de amizade e amor para todos os seres vivos.

Finalizar repetindo a canção.

Marcos não tinha com quem brincar.

Um dia a família de Pedro veio morar na casa ao lado

e os dois se tornaram amigos.

No sábado, Marcos foi com os pais para o culto,

no templo de sua religião.

Ele viu que na casa de Pedro

todos estavam ajudando a limpar o jardim.

Marcos achou estranho seu amigo trabalhar no sábado.

Mas, no domingo de manhã,

a família de Pedro saiu em direção à igreja.

Então Marcos entendeu que Pedro

pertencia a uma igreja diferente da sua.

Os meninos ficaram curiosos

por conhecer a religião um do outro.

E assim aumentou a amizade.

COMO É BOM AMAR

Como é bom amar, abraçar, abraçar

E dizer aos coleguinhas, olá, olá

Apertar as mãozinhas

E dizer com o coração

Deus nos fez bons amigos

Formando a união

Zélia Barros Moraes. CD *O mundo encantado da Pré-Escola.*
Paulinas/COMEP, 1996.

Deus conhece todas as religiões do mundo.

Ele conhece também o coração de todos os seres vivos.

Mesmo pertencendo a religiões diferentes, podemos ter amizade entre nós.

2.4. Fazemos o mundo melhor

OBJETIVO

Tomar consciência de que é necessário e agradável conviver na diversidade, interagir e relacionar-se em colaboração, amizade e respeito.

MATERIAL

Aparelho de som e CD. Um retângulo de papel pardo ou cartolina para cada grupo, lápis, régua, tesoura, folhas coloridas de revista ou outros papéis coloridos cortados em tiras.

ATIVIDADE

Ler o texto inicial da lição e deixar que as crianças observem os desenhos do livro.

Reunir grupos e distribuir o material. Pedir que cada grupo faça no retângulo várias linhas com lápis e régua, sem chegar até a borda do papel.

Pedir que recortem com tesoura seguindo as linhas, também sem atingir a borda do papel, deixando uma margem ao redor do retângulo.

Pedir a uma criança do grupo que escolha uma tira de papel colorido, a entrelace nos cortes do retângulo e cole as pontas, como se fizesse uma esteira ou tapete. Passe-o, depois, a outra criança para que repita a ação. Se o grupo for pequeno, cada uma pode entrelaçar tantas tiras quantas forem necessárias para completar a esteira.

RODA

Tocar a canção *Pezinho*.

Pedir às crianças que se organizem em pares e dancem, primeiro marcando o ritmo com os pés, uma em frente a outra, até a frase "O seu pezinho bem juntinho com o meu", depois girando de braços dados.

Deixar que troquem de pares e repetir a música enquanto houver interesse das crianças pela dança.

Pedir às crianças que opinem:

• O que há de semelhante entre a atividade da esteira feita em mutirão e a dança do pezinho? (Por exemplo: trabalho em equipe, cada um fazendo sua parte com precisão, aceitação da pessoa que está ao lado, respeito pela vez de cada um agir, espera do momento certo, não teria ficado legal se alguém não tivesse colaborado etc.)

Pedir-lhes que lembrem das ocasiões na escola ou em família em que é preciso ter as mesmas atitudes.

Valorizar todas as opiniões e concluir:

• Nós, seres humanos, vivemos juntos e podemos realizar coisas maravilhosas em colaboração. As religiões ensinam que podemos tornar este mundo muito melhor, se vivermos e agirmos em união com as outras pessoas, com as outras religiões e com todos os povos da Terra.

Em um lugar distante daqui vivem famílias, à beira-mar.

Enquanto os pais trabalham,

as crianças ouvem histórias sagradas contadas pelos avós

e aprendem a fazer esteiras.

Elas servem para sentar-se, para dormir e até para rezar.

PEZINHO

Ai bote aqui, ai bote ali o seu pezinho
O seu pezinho bem juntinho com o meu

E depois não vá dizer
Que você já me esqueceu

Folclore infantil de Portugal. Adaptação: Nilsa Zimmermann.
CD *O mundo encantado da música*. v. 1. Paulinas/COMEP, 1996.

Nós, pessoas, vivemos juntas.
Deus se sente feliz quando nos vê agindo em colaboração.

UNIDADE 3

O mundo é bom e belo

Objetivo Sentir a sacralidade da natureza e do planeta Terra. Descobrir a crença das religiões de que na natureza existe um mistério de vida inexplicável só pelos meios científicos.

3.1. O pequeno paraíso

OBJETIVO

Compreender que a vida contida na terra e na natureza alimenta e mantém a vida de todos os seres.

MATERIAL

Aparelho de som e CD. Papel pardo para fazer um mural, tintas e pincéis. Uma fruta ou um pedaço de fruta para cada criança.

RODA

Deixar que as crianças narrem suas experiências em meio à natureza.

Pedir-lhes que enumerem as frutas, legumes e cereais que conhecem e mais apreciam, bem como a importância desses alimentos para a saúde.

ATIVIDADE

Distribuir as frutas, tocar a música *L'uccellino* e pedir às crianças que relaxem e saboreiem a fruta em silêncio, enquanto ouvem.

Pedir que imaginem: "Onde eu poderia estar neste momento?".

Ao fim da música ler o texto inicial da lição e deixar que as crianças observem os desenhos do livro.

Expor as tintas e pincéis e pedir que façam um desenho coletivo e representem tudo o que imaginaram.

DIÁLOGO

Pedir a cada criança que conte o que imaginou durante a música e o canto dos pássaros, e explique o significado daquilo que desenhou.

Questionar:

• Como seria nossa vida se a natureza não existisse?

Valorizar as opiniões e concluir:

• A natureza dá o que é bom para nós. Ela também nos cerca de carinho e amor. Podemos retribuir a ela da mesma forma.

Finalizar com a canção *A primavera* (faixa 11 do CD). Deixá-las cantar e criar movimentos para acompanhar a melodia.

A mãe de Ana ganhou uma orquídea.

A menina logo quis saber onde nasciam aquelas maravilhosas flores.

Então a família organizou um passeio ecológico.

Ana pôde conhecer uma trilha ecológica na mata

e viu milhares de flores e árvores

que ela não imaginava que existissem.

Ao voltar para casa, Ana agradeceu à mãe:

"Obrigada por ter me levado ao pequeno paraíso!".

A mãe achou lindo o título que Ana inventou para a mata nativa.

A PRIMAVERA

Desperta no bosque gentil primavera

Com ela chegou o canto, gorjeio do sabiá.

Lá, lá, lá, lá, lá...

Folclore. Adaptação: Nilsa Zimmermann.
CD *O mundo encantado da música*. v. 1. Paulinas/COMEP, 1996.

A natureza é como um pequeno paraíso.

Deus a preparou para nós.

Ele conhece cada uma das matas, flores e árvores do mundo!

3.2. Um girassol sorriu para mim

OBJETIVO

Desenvolver a reverência pela natureza, pois esta é uma das atitudes religiosas mais primordiais.

MATERIAL

Aparelho de som e CD. Ilustrações ou fotos de florestas, bosques, campos, plantações, flores, árvores, plantas ornamentais em vasos etc.

RODA

Ler o texto inicial da lição e deixar que as crianças observem os desenhos do livro.

Deixar que as crianças observem as ilustrações de plantas.

Explicar que a semente plantada germina e se transforma em árvore, porque só a terra tem capacidade de despertar a plantinha que dorme na semente.

Pedir às crianças que relatem seus conhecimentos e experiências a respeito da semeadura ou do cultivo de plantas.

Sugerir que a turma crie, em mutirão, a história de uma planta que foi semeada e cultivada por alguém e depois serviu para beneficiar e alegrar a muitas pessoas.

Anotar no quadro a história à medida que as crianças a elaborarem. Considerá-la completa quando tiver um começo, meio e fim.

Reler a história para que as crianças a memorizem com clareza.

ATIVIDADE

Organizar as crianças em três grupos, para que cada um dramatize uma parte da história: começo, meio e fim.

Pedir-lhes que conversem e criem a forma de dramatizar, usando o próprio corpo, a voz ou objetos para produzir os sons necessários à história (por exemplo: se houver chuva, fazer o ruído batendo com o dedo indicador na palma da mão; se houver vento, representá-lo por assobio; se for noite, imitar sons de grilos etc.)

Deixá-las apresentar as dramatizações em sequência, de modo que um grupo continue no ponto em que o outro terminou.

Encerrar a apresentação da história com a canção O *girassol*. Deixá-las criar os movimentos, dançar e cantar.

DIÁLOGO

Deixar que as crianças nomeiem substâncias absurdas nas quais se plantar uma semente (em um vaso cheio de sorvete, em uma tigela de gelatina, em um pote cheio de margarina etc.).

Questionar:

- Por que ela não poderia germinar e crescer?
- Por que só a terra é capaz de dar vida à semente, às florestas e às grandes árvores que vivem centenas de anos?
- O que a terra tem que não pode ser encontrado em outras substâncias?

Valorizar as opiniões e concluir:

- Somente o solo é adequado para a semente, porque a terra tem vida e possibilita que todos os seres continuem a viver.
- As religiões ensinam que Deus criou o nosso planeta e nele colocou a vida para que todos os seres vivos possam viver e crescer.

Em uma escola distante daqui,
as crianças e as professoras fizeram um jardim.
Quando as flores desabrocharam,
foi uma alegria geral.
As pessoas que passavam do lado de fora
paravam junto ao muro
para contemplar tanta beleza!

O GIRASSOL

Um girassol florido num jardim
Buscando a luz do sol, sorriu para mim
Eu também sou pequeno girassol
Buscando a luz de Deus sou feliz assim

Tenho mil sementes de amor para te dar
Tenho mil sementes de ternura para te dar
Tenho mil sementes de carinho para te dar

Fr. Fabreti. CD *Encontro feliz e A festa dos amiguinhos de Jesus*.
Paulinas/COMEP, 1996.

Deus conhece cada planta
que existe no planeta Terra.
Ele sabe que precisamos delas.
A terra contém a vida que faz
a semente germinar e a planta crescer.

3.3. Eu também quero voar

OBJETIVO

Experimentar a convivência reverente, o respeito e a parceria com todos os seres vivos, base para a solidariedade e a paz.

MATERIAL

Aparelho de som e CD. Retalhos de papel colorido e outros materiais para recorte e colagem. Lápis, palito de churrasco ou varinhas, cola e tesoura.

ATIVIDADE

Ler o texto inicial da lição, pedir que as crianças observem os desenhos do livro.

Expor o material e deixar que as crianças reproduzam o pássaro ou criem outro, como preferirem.

RODA

Colocar a música *Os passarinhos voam*. Deixar que as crianças façam os gestos sugeridos, fazendo "voar" os pássaros em suas mãos.

DIÁLOGO

Explicar que o planeta Terra é como uma casa para todos os seres vivos. Os animais não nos fazem mal nem nos prejudicam. Nós somos livres e podemos maltratá-los se quisermos, mas somos também inteligentes e capazes de bons sentimentos. Então, podemos protegê-los e estimá-los como nossos amigos.

Deixar que as crianças narrem suas experiências com animais de estimação.

Pedir-lhes que reflitam:

- Podemos sentir o carinho e a amizade dos animais para conosco?
- De que formas eles os demonstram?

Concluir dizendo que os animais são amigos, companheiros e só fazem o bem, quando não são agredidos e maltratados. As religiões ensinam a amizade e o carinho por todos os seres vivos, não só pelas pessoas. Assim, todos podem se sentir felizes no planeta Terra.

Davi e Daniel são primos.
Eles brincam juntos e fazem mil descobertas legais.
Quando soltam pipa, Davi e Daniel sentem vontade de voar.
Mas eles sabem que só as aves voam.
Pessoas não têm asas.
Temos pensamentos, sentimentos e capacidade de agir.
Mesmo assim, nós e os pássaros não somos tão diferentes como parece!
Afinal, nenhum pássaro consegue voar até as estrelas.
Mas o nosso pensamento voa!

OS PASSARINHOS VOAM

Se os passarinhos voam
Eu também quero voar (bis)
O biquinho para o chão
As asinhas para o ar (bis)

O pé, o pé, o pé, a mão, a mão, a mão (bis)
Dar uma volta meu amigo
Aperte a mão do seu irmão (bis)

Se os passarinhos pulam
Eu também quero pular (bis)
O biquinho para o chão
As asinhas para o ar (bis)

Se os passarinhos andam
Eu também quero andar (bis)

Se os passarinhos amam
Eu também quero amar (bis)

Se os passarinhos rezam
Eu também quero rezar (bis)

DR. CD *Sementinha*. v. 3. Paulinas/COMEP, 1996.

Alguns animais têm capacidades que nós não temos.
Porém nós fazemos milhares de coisas que eles jamais farão.
Deus conhece todos os animais do planeta Terra
e espera que cuidemos deles com respeito e carinho.

3.4. Meu avião foi para o céu

OBJETIVO

Perceber a variedade e as diferenças que existem em tudo o que nos rodeia – natureza, pessoas, objetos etc. – e a importância da complementaridade, para se criar um mundo diferente.

MATERIAL

Aparelho de som e CD. Todo tipo de material alternativo para trabalho livre. Cola, tesoura, fita adesiva, tintas etc.

ATIVIDADE

Expor todo o material e deixar que cada criança escolha o que lhe agrada e confeccione o que quiser.

Após todas terem suas peças prontas, reuni-las na roda.

RODA

Deixar que cada criança apresente aquilo que criou e explique o motivo de sua escolha.

Colocar a música *Aviãozinho de papel* e deixar que as crianças criem os movimentos e cantem junto.

DIÁLOGO

Ler o texto inicial da lição e depois dialogar:

- Encontramos duas peças iguais na apresentação de nossos trabalhos?

- Por que isso nunca acontece?

- E na natureza, encontramos tudo igual? (Deixar que as crianças descrevam diferentes espécies de árvores, de frutas, de flores, de animais.)

- É legal desprezar e desrespeitar as diferenças que existem entre as pessoas? Por quê?

Valorizar as opiniões e concluir:

- Cada pessoa tem ideias e gostos diferentes e assim pode fazer escolhas, tomar decisões e realizar ações com resultados diferentes.

- Todas as pessoas do mundo têm direito a ser respeitadas, admiradas e valorizadas naquilo que possuem de diferente.

- Quando não aceitamos alguém por ser diferente de nós, acabamos ficando sozinhos. É somando nossas diferenças, sem desprezo nem rivalidade, que podemos ajudar uns aos outros e fazer com que o mundo seja bom para todos.

Era um domingo de chuva.

As crianças olhavam para as bicicletas encostadas no alpendre

e para a água que caía no quintal.

Vovó percebeu a tristeza e teve uma ideia:

despejou na mesa da cozinha uma caixa repleta de materiais

para cada criança inventar o que quisesse.

Surgiram brinquedos e peças de arte!

As crianças pediram à vovó:

"Escolha o trabalho mais bonito".

Então ela explicou: "Não existe trabalho mais bonito ou menos bonito.

Cada pessoa tem seu modo de fazer as coisas, por isso todas são bonitas".

AVIÃOZINHO DE PAPEL

Eu fiz um aviãozinho de papel

E coloquei no ar para voar

Só que ele subiu lá para o céu

Aviãozinho não quer mais voltar

Sou um piloto, quero pilotar

Só que o avião

Não quer mais voltar

Zélia Barros Moraes. CD *O mundo encantado da Pré-Escola.*
Paulinas/COMEP, 1996.

Deus admira o que fazemos de bom.

Nós também podemos respeitar e valorizar aquilo que cada pessoa faz.

O mundo é nosso e de Deus

Objetivo Sentir-se participante de um mundo pluralista, em que a aceitação das diferenças é fundamental para a soma de valores e de atitudes que construam uma sociedade mais feliz.

4.1. O teatro de sombras

OBJETIVO

Descobrir que as diferenças e a diversidade enriquecem a ajuda mútua e a participação. É a soma das diferenças que faz o mundo ser melhor.

MATERIAL

Aparelho de som e CD. Material de desenho. Lençol de uma só cor e barbante para fixá-lo no meio da sala. Holofote ou lanterna, para fazer o efeito de teatro de sombra.

RODA

Ler o texto inicial da lição e deixar que as crianças observem os desenhos do livro.

Pedir às crianças que nomeiem as diferenças de gênero, de aparência e de comportamento que existem entre as pessoas. Por exemplo: homens e mulheres, baixas e altas, magras e gordas, jovens e idosas, negras, brancas, morenas, loiras, calmas e agitadas, sérias e expansivas, alegres e tristes, vestidas com roupas longas ou curtas, justas ou soltas etc.

ATIVIDADE

Montar o pano para o teatro de sombras no meio da sala.

Separar meninos e meninas, cada grupo de um lado do pano.

Ligar a luz, de modo que seja projetada a sombra de um grupo, enquanto o outro assiste.

Pedir às meninas que desfilem, uma a uma diante do pano, e os meninos, vendo a sombra, tentem identificar cada uma pelo nome.

Dificultar a brincadeira com alternativas: que as meninas fiquem juntas, em grupo, que desfilem todas fazendo o mesmo gesto etc.

Trocar de lado e repetir a brincadeira: as meninas reconhecendo a sombra de cada um dos meninos.

DIÁLOGO

Deixar que as crianças comuniquem:

- Por que conseguimos reconhecer cada colega até pela sombra?
- O que cada um tem de particular que o torna diferente de todos?

Enfatizar que muitos talvez tenham sido reconhecidos por causa da roupa ou do calçado que usavam e que isso fez a diferença em sua sombra. Mostrar então que entre as pessoas existem muitas diferenças somente externas, pois no seu íntimo as pessoas são todas iguais: têm sentimentos, inteligência, desejam amar e ser amadas, têm tristezas, dificuldades, esperam ser compreendidas e merecem respeito, carinho, atenção etc.

Pedir às crianças que descrevam uma qualidade de cada colega.

Valorizar tudo o que foi dito e concluir:

- As qualidades de cada pessoa, somadas e reunidas, podem fazer com que todos sejam mais felizes.
- Se não houvesse diferenças, nada se poderia fazer para melhorar o mundo e nossa vida.
- Como poderíamos reconhecer nossa mãe, nosso pai, nossos parentes e amigos se as pessoas fossem todas iguais?

Concluir com a canção *Como é bom nos encontrar*. Deixar que as crianças criem os gestos que a letra sugere.

Marina e Marisa são gêmeas.
Quando elas usam o uniforme da escola parecem iguais.
Mas cada uma tem seu jeito de andar, de correr, de falar e de brincar.
A turma sabe quem é Marina e quem é Marisa,
pois elas são semelhantes, mas também têm muitas diferenças.

COMO É BOM NOS ENCONTRAR

Como é bom nos encontrar
Ao Deus da vida vamos juntos celebrar

Gritando, batendo palmas, rodopiando
Dizendo alê!
Pulando, gargalhando, dançando
Dizendo alê!

Cantando, abraçando, assobiando
Dizendo alê!
Louvando, batendo palmas, batendo o pé
Dizendo alê!

De mãos dadas, perdoando, rezando
Dizendo alê!

Aleluia, alegria, alê!
Aleluia, alegria, alê!

Verônica Firmino. CD *Sementinha*. v. 4. Paulinas/COMEP, 2000.

Deus conhece cada pessoa do mundo.
Ninguém é igual.
Quanto mais diferentes somos,
melhor podemos viver juntos e nos ajudar.

4.2. A raposa e o príncipe

OBJETIVO

Despertar admiração, reverência e respeito pelos colegas, acentuando o que cada um tem de bom.

MATERIAL

Aparelho de som e CD. Caixinha com os nomes de todas as crianças. Material de desenho. Retângulos de cartolina para desenhar o retrato de uma pessoa. Papel colorido para fazer rolinhos e formar uma moldura, tesoura e cola. Retalhos de papelão para fazer o suporte do quadro.

RODA

Ler o texto inicial da lição e deixar que as crianças observem os desenhos do livro (o texto é uma alusão aos personagens do livro *O pequeno príncipe*, de Antoine de Saint-Exupéry. 32. ed. Rio de Janeiro, Agir, 1988).

Deixar que as crianças opinem:

- Por que o príncipe e a raposa se tornaram amigos? (Eram completamente diferentes, mas cada um viu tudo o que o outro tinha de bom e de belo, por isso passaram a se admirar mutuamente.)

Colocar a música *Eu quero lhe abraçar*. Deixar que as crianças acompanhem, fazendo os gestos e os movimentos que a letra sugere.

ATIVIDADE

Deixar que cada criança retire um nome da caixinha.

Distribuir o material para que cada uma desenhe e pinte o retrato do colega sorteado.

Depois dos desenhos prontos, pedir às crianças que observem as orientações do livro e ajudá-las a fazer rolinhos de papel, cortar do tamanho adequado e colar ao redor do retrato, de modo a formar uma moldura. Colar atrás o suporte para que o quadro fique em pé.

DIÁLOGO

Pedir às crianças que fiquem em silêncio por alguns minutos, observem o colega que acabaram de retratar e pensem:

- Quais as qualidades que vejo nesta pessoa?

Deixar que cada uma apresente o retrato, diga as qualidades da pessoa amiga e entregue a foto.

Concluir enfatizando a importância de se observar e admirar as qualidades das pessoas, para assim poder amá-las, respeitá-las e aprender com elas.

Era uma vez um príncipe que veio de outro planeta à procura de um amigo.

Ele caminhou por muito tempo e encontrou uma raposa.

O principezinho não conhecia um animal como ela.

E a raposa nunca tinha visto um menino como ele.

Por serem tão diferentes, a raposa e o príncipe

ficaram encantados um com o outro e se tornaram eternos amigos.

EU QUERO LHE ABRAÇAR

Meu amigo, venha cá

Que eu quero lhe abraçar

Alegria e muita paz

Eu desejo pra você

Tenha sempre muito amor

Amor de Deus no coração

Eugênio L. Souza (DR). CD *Sementinha*. v. 4. Paulinas/COMEP, 2000.

Deus deseja ser o melhor amigo de cada pessoa.

Podemos ser o melhor amigo ou a melhor amiga de Deus

e também das pessoas que nos cercam.

4.3. Guarda-me no teu amor

OBJETIVO

Conhecer a atitude que mais caracteriza as religiões: a oração. Perceber que ela pode abranger todos os seres existentes e criar na terra uma grande irmandade de amor e de paz.

MATERIAL

Aparelho de som e CD. Livros e folhetos de orações, gravuras de pessoas orando em locais sagrados de diferentes tradições religiosas. Tintas para pintura a dedo, cartolina ou papel pardo para cada grupo.

RODA

Ler o texto inicial da lição e deixar que as crianças observem os desenhos do livro.

Expor os livros, as gravuras e os folhetos de oração ou projetar fotos de diferentes locais sagrados para que as crianças vejam.

Pedir-lhes que falem acerca da experiência e do conhecimento que têm de oração e ensinem umas às outras alguma oração que aprenderam em família ou na comunidade religiosa que frequentam.

Pedir-lhes que descrevam o que lembram de ter assistido na TV, em filmes ou visto em livros, revistas etc. a respeito de pessoas orando em espaços sagrados de várias religiões. Acentuar as religiões indígenas e afro-brasileiras.

1

caroço de fruta

massa de modelar

2

3

4

ATIVIDADE

Tocar a canção *Oração da noite*. Deixá-las ouvir atentamente em silêncio.

Dialogar a respeito da letra e pedir-lhes que lembrem os seres que estão presentes na canção. Desenhá-los no quadro (lua, estrela, peixe, rio, vento, flor).

Reunir grupos, para que conversem:

- Quais os outros seres que poderiam estar presentes nessa oração? (as pessoas do mundo inteiro, as outras crianças, os familiares, os amigos e amigas, as pessoas de religiões diferentes, os que vivem em países diferentes, todas as pessoas da terra, todos os outros seres vivos, toda a natureza, os astros, os planetas, o mundo inteiro).

Distribuir as folhas de papel pardo ou cartolina e as tintas de pintura a dedo, para que cada grupo represente tudo o que acabou de dialogar.

DIÁLOGO

Expor os painéis de oração que os grupos pintaram, para serem contemplados.

Explicar que a oração é a forma usada pelas religiões para que as pessoas possam comunicar-se com Deus. Não é preciso usar orações escritas, já preparadas. Pode-se também conversar com Deus falando aquilo que está no coração, de modo semelhante ao que diz a letra da música. Em cada religião, em cada língua, em cada região do mundo, as pessoas têm um nome para Deus e um modo de se comunicar com ele.

Deixar que as crianças se expressem:

- Se eu fosse conversar com Deus, o que diria a ele?

Finalizar ouvindo novamente a música *Oração da noite* e cantando junto, com movimento, se as crianças o desejarem.

Lucas foi dormir uma noite na casa de seu amigo Rafael.

Na hora de deitar, o pai de Rafael entrou no quarto

para fazer com ele as preces de sua religião.

Lucas ficou muito admirado.

Quando chegou em casa, pediu a seu avô que

daquele dia em diante também rezasse com ele antes de dormir.

ORAÇÃO DA NOITE

O vento fez serenata

E embalou a flor

Os peixinhos contentes dançaram

A cantiga que o rio cantou

A lua sorriu amarelo

As estrelas piscaram pra mim

E naquela noite eu rezei assim:

Meu Deus, como é grande

O carinho que tens por mim

Me guarda no teu amor

Não te esqueças de mim

Zélia Patrício. CD *A bonita arte de Deus*. v. 1. Paulinas/COMEP, 1996.

Deus entende todas as preces

que são feitas por todas as pessoas,

em todas as línguas do mundo.

4.4. Povos todos, batei palmas

OBJETIVO

Compreender que todos os povos e culturas do planeta fazem parte do sonho de Deus: a paz, a liberdade, a justiça para todos. Isso é possível por meio da amizade entre as religiões. Assumir um pacto com a turma: a construção de um mundo melhor, do jeito como Deus quer.

MATERIAL

Aparelho de som e CD. Papel pardo para um grande painel no qual pode ser previamente desenhado o globo terrestre ou o mapa-múndi. Materiais vários para colagem e reprodução dos trajes de várias regiões do mundo. Rostos de pessoas de várias idades, recortados de revistas. Pincel atômico. Um pequeno recipiente com perfume ou óleo perfumado.

RODA

Ler o texto inicial da lição e deixar que as crianças observem os desenhos do livro.

Se possível, trazer para a sala ou pedir-lhes que pesquisem na biblioteca materiais nos quais elas possam ver trajes típicos de várias regiões do mundo ou de diversos grupos religiosos.

Explicar que as diferenças dos trajes mostram a diversidade de culturas e de religiões que existem. As religiões são formas diferentes de se procurar a comunicação com Deus.

ATIVIDADE

Colocar a música *Salmo 47*. Deixá-las cantar e criar os movimentos da música.

Organizar grupos e pedir a cada um que monte personagens com trajes característicos, usando os rostos recortados de revista e retalhos de papel ou tecido para as roupas.

Depois de montados sobre a mesa, cada grupo pode colar seus personagens no painel que está na parcele, de modo a preencher o globo ou o mapa-múndi.

DIÁLOGO

Pedir às crianças que opinem:

• O que é preciso fazer para que o mundo seja bom, da maneira como Deus quer?

Explicar que cada pessoa pode dar sua contribuição para construir esse mundo que Deus deseja. Para isso, é preciso realizar as atitudes e os valores que foram mencionados.

Pedir às crianças que façam uma roda e estendam as mãos. Passar o recipiente de perfume, para que cada uma faça uma unção nas mãos do colega ao lado, enquanto diz o nome da pessoa e lhe formula um desejo para o tempo de férias: "Paz", "Amizade", "Felicidade" etc.

Natália chegou da escola.

Saboreou o almoço quentinho feito pela vovó, depois foi brincar.

Após o lanche, Natália fez a lição,

tomou banho e sentou-se ao lado da vovó.

As duas ligaram a TV e viram o programa mais legal de suas vidas:

milhares de pessoas oravam e cantavam juntas,

como se fossem irmãs e irmãos.

Quando a mãe chegou do trabalho,

Natália contou a ela que agora o mundo seria muito melhor,

porque pessoas de diversas religiões

estavam se encontrando como amigas.

SALMO 47

Povos todos batei palmas
Batei palmas de alegria

Cantai para o nosso Deus, cantai
Cantai, cantai, para o nosso Deus cantai
Tra-la-lá!

Fr. Fabreti. CD *Os salmos das crianças*. Paulinas/COMEP, 1998.

O que Deus mais sonha
é com a amizade de todas as pessoas do mundo,
de todos os povos e todas as religiões.
Podemos fazer essa surpresa para ele.
Você não acha?

Avaliação periódica

ASPECTOS A SEREM AVALIADOS

- A participação de cada um.
- As atitudes que cada um conseguiu viver durante o ano.
- Se o livro ajudou ou dificultou as aulas.
- Quais as atividades que mais agradaram.
- Quais as que não funcionaram bem, e por quê.
- Se houve momentos de desinteresse, desordem, confusão, e quais foram os motivos.
- O que precisa ser modificado.
- O que pode continuar como está.
- Quais as sugestões de mudanças.
- Como cada um se sentiu no grupo.
- Como foi a participação dos familiares.
- Fazer uma síntese escrita dos principais pontos dialogados.

Sumário

Impresso na gráfica da
Pia Sociedade Filhas de São Paulo
Via Raposo Tavares, km 19,145
05577-300 - São Paulo, SP - Brasil - 2017